O PODER DO
GRUPO
MASTERMIND

A Arma Secreta
para sua Vida pessoal e profissional

EDOARDO
ZELONI MAGELLI

Edição original: setembro de 2017

"Il Potere del Mastermind Group: L'Arma Segreta per la tua Vita personale e professionale"

Autor: Psicólogo, Empreendedor e Consultor. Edoardo Zeloni Magelli, nascido em Prato em 1984. Em 2010, logo após se formar em Psicologia do Trabalho e da Organização, lançou sua primeira startup. Como empresário, ele é o CEO da Zeloni Corporation, uma empresa de treinamento especializada em ciências mentais aplicadas aos negócios. Sua empresa é um ponto de referência para quem deseja realizar uma ideia ou um projeto. Como um cientista da mente, ele é o pai da Psicologia Primordial e ajuda as pessoas a potencializar suas mentes no menor tempo possível. Amante de música e esportes.

UPGRADE YOUR MIND → zelonimagelli.com

UPGRADE YOUR BUSINESS → zeloni.eu

O grupo Mastermind pode fazer milagres para você e sua empresa. Você pode ultrapassar seus limites e melhorar tanto profissionalmente quanto pessoalmente. Deixe a jornada começar!

ÍNDICE

1

O GRUPO MASTERMIND

O Mastermind Group é uma arma secreta muito forte e poderosa, que logo se tornará seu caminho para o sucesso. É uma aliança de cérebros, um pequeno grupo de colegas que se encontram regularmente num espírito de harmonia, para discutir e ajudar uns aos outros a melhorar seus próprios resultados.

Os membros do grupo trocam ideias, informações, sugestões, estratégias e recursos para resolver problemas, superar obstáculos e enfrentar os desafios de seus projetos utilizando as habilidades e ideias de todos.

É um encontro para enfrentar e melhorar o seu

negócio. É uma oportunidade de enfrentar pessoas do mesmo nível, mas com diferentes habilidades e experiências.

É um grupo que também se tornará um forte apoio pessoal e emocional.

Não existem hierarquias e todos os seus membros estão no mesmo nível. As decisões são tomadas de forma totalmente democrática. Portanto, é um intercâmbio entre pessoas com muita experiência em determinadas áreas, que decidem compartilhar suas experiências e habilidades para dar e receber treinamento gratuito, e além de terem o desejo de fazer crescer seus negócios, também têm o desejo de ajudar outros membros do grupo sem esperar um retorno econômico.

Do Mastermind Group você pode ter uma concentração de experiência, treinamento, conhecimento e é uma grande oportunidade para explorar os talentos e capacidades de todos os seus participantes.

E acredite em mim, às vezes é preciso apenas uma ideia ou um ajuste para revolucionar sua vida e seu negócio.

É uma oportunidade de trabalhar em equipe com outros profissionais. Muitas vezes, parcerias, joint ventures e também belas amizades são formadas, embora não seja o objetivo principal, mas como muitas vezes acontece, um grupo Mastermind torna-se um grupo de amigos que se ajudam no negócio.

É um encontro realizado entre pessoas que têm os mesmos desejos de crescimento pessoal e profissional.

Não deve ser comparado a um passeio com amigos, onde você fala generalidades e tira um tempo de outros membros do grupo que precisam de conselhos.

Graças ao Grupo Mastermind, também entendemos os processos que levam ao sucesso, os passos a seguir para atingir um objetivo, as estratégias a serem implementadas para atingir os resultados. É uma aliança de cérebros que o fará sentir que adquiriu novas habilidades assim que sair da reunião.

Um grupo com essas características que se move em direção a um objetivo preciso, pode multiplicar exponencialmente o sucesso de seus membros.

O Mastermind Group torna-se assim uma oportunidade de encontrar e discutir um ou mais tópicos, o que se torna um momento de inspiração mútua, como acontecia com frequência na antiguidade.

"O princípio do Mastermind consiste em uma aliança de duas ou mais mentes trabalhando em perfeita harmonia para alcançar um objetivo comum definido. O sucesso não é alcançado sem a cooperação de outros" Napoleón Hill

2

A HISTÓRIA DO MASTERMIND

Com o passar do tempo, a humanidade esqueceu que conversar é uma verdadeira arte. Esquecemos o passado que nos oferece ferramentas inestimáveis, para entender o presente e construir o futuro.

O ser humano é o mesmo, e a vida da humanidade é uma série contínua de cursos e recursos históricos.

Na Grécia e na Roma antigas, o simpósio (ou convivium) era a prática social que se seguia ao banquete, durante o qual os comensais realizavam várias atividades, como comer, beber, conversar, cantar, brincar, dançar e brincar. O primeiro testemunho escrito do simpósio foi sobre a chamada *Taça de Nestor*, uma taça geométrica (*skyphos*), da segunda metade do século 8 AC.

Etimologicamente, o simpósio vem do grego e significa *beber juntos*; o convivium, vem do latim e significa *viver juntos*.

Havia dois tipos de simpósios: o *bom simpósio*, como o *syssition*, espartano, admirado por muitos autores, havia se tornado um exemplo a seguir e elogiado pela ética de seus costumes, onde os participantes compartilhavam comidas e bebidas prescritas por lei.

Estas cantinas eram ferramentas educacionais onde os jovens participavam dos debates políticos. E o *mau simpósio*, baseado na vulgaridade, sexualidade excessiva e beber vinho para se embriagar.

Eram ocasiões para beber e para ter encontros românticos, durante as quais havia bebida excessiva e conversas desinibidas, assim como celebrações políticas e conspirações.

No simpósio, os participantes tinham as mesmas ideologias e aspirações, reconheceram-se como uma associação política, formada por cidadãos adultos do sexo masculino (*etheria*), que compartilhavam a mesma concepção de vida, geralmente inclinados a uma tendência oligárquica.

Foi uma época em que a vida social era particularmente importante e estruturada.

Era uma convenção, um momento de diálogo cultural, uma espécie de ritual coletivo de ideias e opiniões sobre diversos assuntos, em que compartilhavam o prazer de conversar e estar juntos acompanhados de poesia, música, dança, comida, cultura e vinho.

A partilha da comida tinha um valor de identificação social e aproximava os participantes presentes, proximidade também criada pela dimensão modesta das salas de banquetes, para permitir que cada um dos convidados pudesse ver e ouvir os outros.

Entre os tópicos de conversa favoritos, muitas vezes havia tópicos filosóficos e literários. Foi um momento de grandes implicações políticas e sociais, mas também éticas, sagradas e religiosas.

Foi um campo de treinamento para a sabedoria feito de conversas inteligentes e cultas.

O banquete foi uma verdadeira instituição para a aristocracia grega e a classe dominante, onde se reuniram para discutir política e cultura.

Com o passar do tempo, com o enfraquecimento das lutas políticas e com o desenvolvimento das estruturas cívicas, o simpósio tornou-se um encontro privado de amigos, mas sempre mantendo o espírito de integração social.

Hoje, o conceito é substancialmente o mesmo. O conceito de Grupo Mastermind é tratado pela primeira vez com convicção, paixão e entusiasmo por Napoleon Hill, em seu livro *The Low of Success*, publicado em 1920.

Hill foi um dos primeiros produtores do gênero literário moderno de sucesso pessoal e foi consultor do presidente americano Franklin Roosevelt.

Hill descobriu que o segredo das pessoas que acumularam grandes fortunas, era a presença de um grupo de apoio.

Ele se inspirou no empresário Andrew Carnegie, representante do sonho americano, que deixou a Escócia muito jovem para ir aos Estados Unidos em busca de fortuna.

Em 1865, ele fundou sua empresa, a *Carnegie Steel Company*, que tornaria Pittsburgh a capital da indústria siderúrgica e Carnegie um dos homens mais ricos do mundo.

Ele conseguiu construir uma das empresas mais poderosas e influentes da história dos Estados Unidos da América, tornando-se um homem muito rico, cuja riqueza, segundo alguns, seria a segunda maior da história e a quinta em relação ao produto interno bruto americano.

Aos sessenta e cinco anos, ele vendeu suas empresas ao banqueiro J.P. Morgan por $480 milhões e dedicou o resto de sua vida à escrita e a atividades filantrópicas, doando cerca de $350 milhões de dólares que financiaram, cofinanciaram e estabeleceram universidades, bibliotecas e museus ao redor do mundo.

Andrew Carnegie rodeou-se de um grupo de cinquenta homens com o objetivo de se tornar líder na produção e comercialização de aço.

Ele afirmou que o crédito de toda a sua fortuna se deve ao poder e ao conhecimento acumulado por meio desse grupo.

Napoleon Hill também entrevistou as seis pessoas mais ricas de Boston na época. Também aqui foi revelado que o seu segredo era a presença deste grupo de apoio. Eles se conheceram quando não tinham nada, mas graças à ajuda mútua, trocas de experiências, conhecimentos e recursos, eles alcançaram o sucesso.

E até mesmo, tendo alcançado o sucesso, eles continuaram com seus grupos Mastermind para melhorar ainda mais.

Após a publicação de *Think and Grow Rich* de Napoleon Hill em 1937, seu trabalho mais famoso, uma destilação da filosofia de sucesso, o conceito do Grupo Mastermind se desenvolveu e se tornou um instrumento de importância fundamental para as pessoas de sucesso.

3

A SELEÇÃO DE MEMBROS

A chave para o Mastermind Group é a seleção de pessoas. A qualidade das pessoas determinará a qualidade das ideias e dos pensamentos. Com as pessoas certas, você pode criar um sistema de apoio muito poderoso com uma visão de longo prazo.

O grupo não tem um verdadeiro líder, é uma liderança compartilhada, um grupo composto de pessoas com valores semelhantes e habilidades iguais.

"Antes de ver o que você está comendo e bebendo, é necessário ver com quem você está fazendo; na verdade, comer sem amigos é a vida de lobos ou leões"

Essa máxima de Epicuro, citada por Sêneca, em sua décima nona carta a Lucílio, mostra a importância da escolha dos comensais. Foi um conselho válido para os membros da alta sociedade romana, que não deviam correr o risco de se sentar à mesa com os seus próprios clientes (O cliente era aquele cidadão que cumpria uma série de obrigações para com um patrono), porque estavam motivados por motivos oportunistas e não por amizade sincera.

"Errat autem qui amicum in atrio quaerit, in convivio probat"

"Quem procura seu amigo no salão e o põe à prova
durante o banquete, comete um grave erro"

Sob certas condições, todos podem parecer amigos, mas para encontrar esses verdadeiros amigos, devemos pensar naqueles que estiveram conosco e nos apoiaram em momentos de dificuldade.

Este é um ensinamento aplicável a muitos contextos diferentes, o que nos faz entender que as pessoas que se tornarão verdadeiros amigos duradouros não são as pessoas que encontramos em lugares e festas, mas aqueles com quem compartilhamos nosso tempo, nossas paixões e nossos projetos.

Se você é o único a dar conselhos, você está no grupo errado. Um dos pontos fundamentais do grupo Mastermind é a reciprocidade.

- As pessoas que nunca devem fazer parte de seu Grupo de Mentores, são as boas pessoas com boas intenções, mas que não têm habilidades e não são orientadas para resultados. Estas pessoas são inúteis. São aquelas pessoas que são boas com as palavras, têm muitas ideias, mas nunca concluíram nada, portanto, não são práticas. São também aqueles que, quando se trata de criar algo, preferem aperitivos e passeios em vez de começar a trabalhar.

- Você precisa de pessoas motivadas, positivas e orientadas para a abundância. Você precisa trocar ideias com pessoas que desejam desenvolver ótimos relacionamentos de longo prazo. Pessoas positivas com a mentalidade certa, programadas para se aprimorarem e assim melhorarem seus projetos.

- Você precisa de membros com capacidade para resolver problemas.

- Pessoas com experiência direta no que fazem. O apaixonado. Os mediadores, apaixonados, mas não diretamente envolvidos, não são as pessoas certas.

- Também não há lugar para pessoas egocêntricas e centralizadoras, que querem todos os benefícios para si mesmas, ou seja, aquelas que recebem sem dar. São pessoas que recebem continuamente dos outros sem dar nenhum valor em troca. O grupo Mastermind é baseado na troca de ideias e experiências.

- Os participantes, embora compartilhem os mesmos interesses, não precisam ser da mesma área, não precisam ter todas as mesmas experiências, não precisam ter as mesmas habilidades, não precisam ser do mesmo sexo e não precisam ser todos da mesma idade. Todos esses fatores são muito importantes, porque as diversidades servem para aprender uns com os outros, para fazer trocas que podem nos enriquecer, para ter pontos de vista diferentes e ver as coisas sob diferentes perspectivas.

A heterogeneidade do grupo é um elemento muito importante que serve também para explorar o que, a meu ver, é a arma mais poderosa que existe: a *LEARNING TRANSFER* (TRANSFERÊNCIA DE APRENDIZAGEM).

A Transferência de Aprendizagem é devastadora, pode lhe dar uma vantagem competitiva que não pode ser facilmente superada pela maioria das pessoas.

A Transferência de Aprendizagem é uma técnica de aprendizagem que se baseia no aprendizado de vários campos para permitir que você tenha novas sugestões e ideias que você nunca teria apenas estudando apenas o seu setor. É uma estratégia que se coloca em prática quando adquirimos novos conhecimentos em um campo e temos a capacidade de aplicá-los em outros.

Grandes ideias e revoluções ocorrem precisamente quando somos capazes de aplicar conceitos aprendidos em um campo que não o nosso e podemos estabelecer novas conexões graças à nossa capacidade de pensamento crítico.

O estudo das informações com esta técnica permite fortalecer os músculos do cérebro, o que lhe permitirá estabelecer novas conexões para levá-lo a novos horizontes.

Você aprenderá a conectar todas as informações dos diferentes campos e você explorará o imenso poder que esta técnica gera. O conhecimento é devastador.

Temos muito a aprender e quanto mais estudamos, mais nos damos conta do que não sabemos.

A vida deve ser um estudo contínuo para melhorar e expandir nossos horizontes, é uma proteção contra a ilusão e a incompreensão de nós mesmos e do mundo ao nosso redor.

Sem dúvida, podemos nos valer de diferentes conhecimentos e crescer exponencialmente, explorando o poder do Grupo Mastermind.

Após a seleção dos membros, também é útil fazer um pacto entre os participantes. Ninguém entra definitivamente no grupo até a segunda participação.

É útil fazer um teste sem compromisso para os novos candidatos. É acordado que uma pessoa teste a experiência Mastermind por uma ou duas vezes.

Após a segunda reunião, se todos estiverem de acordo, o membro pode entrar no grupo.

É importante que as pessoas que se juntam ao grupo Mastermind sejam capazes de proporcionar um valor agregado para os membros, se eles não refletirem os cânones e não acrescentarem nenhum valor, após o primeiro teste, sua participação é cancelada.

No grupo Mastermind o compromisso é necessário, é um sistema de apoio a longo prazo. Os membros devem garantir sua presença e devem se comprometer a participar regular e oportunamente.

O número ideal de participantes para um Mastermind group de qualidade é entre 4 e 8 pessoas. Este é um número ideal que permite aprofundar os argumentos.

Em grupos maiores, há um risco de confusão e pouco tempo para dedicar aos participantes individuais.

Também é útil fazer um acordo de confidencialidade entre os membros. As reuniões devem ser secretas, longe de olhares indiscretos e o que acontece no Mastermind permanece no Mastermind.

4

COMO FUNCIONA

Um Mastermind Group de qualidade requer um bom planejamento. É importante ter um conjunto de regras para estruturar as reuniões. Antes de tudo, o diretor, o mediador, o facilitador e o *Rei do Simpósio* devem ser escolhidos, um papel que pode mudar de uma sessão para outra e que pode ser rotacionado entre os membros.

O Rei do Simpósio era um convidado que estava encarregado de administrar e animar a festa. Ele era escolhido com uma coroa de flores ou folhas de hera mais bonitas do que as dos outros convidados. O maestro é fundamental, ele serve para garantir o cumprimento dos horários dentro da sessão.

O Mastermind não é uma conversa com amigos, mas um momento de aprofundamento, inspiração e motivação.

Eles podem se encontrar fisicamente ou virtualmente, usando ferramentas que lhes permitem superar os limites do espaço e superar distâncias, como: *Skype, Zoom ou Hangouts.*

Na base do grupo Mastermind está a partilha de tudo o que é considerado significativo para nós e para os outros membros. Compartilhamos objetivos e problemas, discutimos tópicos, refletimos sobre as propostas que recebemos, sobre as respostas dos clientes, nos motivamos mutuamente, trazemos livros para consultar, recomendamos livros para ler, lemos citações para refletir e comparamos o software a ser utilizado.

Durante estas reuniões, enriquecemos dando e recebendo, trocando experiências, conselhos e conhecimentos e, finalmente, estabelecemos os objetivos para a próxima sessão.

É importante manter o programa sem se desviar de outros tópicos não relacionados ao Mastermind.

É útil deixar sua vida privada fora do Mastermind, ou se você quiser discuti-la, pode fazê-lo no final da reunião.

LOCALIZAÇÃO

Pode ser feito em qualquer lugar, o importante é que seja um ambiente que garanta privacidade e foco.

Um ambiente sem distrações e interrupções. Pode ser feito na casa de alguém, em uma mansão, em quartos de hotel, em casas de campo, spas, em praias desertas e às vezes até em restaurantes, mesmo que não seja o ambiente ideal por interrupções e falta de foco.

A ORDEM DA REUNIÃO

É importante decidir quais tópicos abordar e suas modalidades. A melhor maneira de iniciar um Mastermind é compartilhar as vitórias e pequenos sucessos alcançados desde a sessão anterior.

Os membros se revezam compartilhando seus resultados e informando uns aos outros. Isso ajuda a organizar a reunião.

Para as primeiras reuniões, é útil deixar os tópicos livres antes de entrar nos detalhes.

O conselho é sempre fazer uma agenda e estabelecer os tópicos a serem discutidos, por exemplo:

- O dia da produtividade e da gestão do tempo

- O dia do marketing

- O dia da venda

- O dia do brainstorming

- O dia da gestão de recursos humanos

- O dia da gestão de clientes

- O dia da pesquisa e desenvolvimento

- O dia da automação digital

- O dia do futuro

Em seguida, abordaremos questões tais como:

- Quais são as principais dificuldades que você está tendo no momento?

- Como você enfrentou e superou essa dificuldade?

- Que estratégias você utilizou para alcançar seus resultados?

- Qual foi o evento mais importante que aconteceu com você desde a última reunião?

- Quais são as novas oportunidades?

- Quais são os objetivos mais importantes?

- Qual é o novo desafio a vencer?

A eventual ordem poderia ser:

- Celebração de conquistas

- Análise dos objetivos da sessão anterior e quaisquer problemas encontrados

- Análise de estratégias de sucesso que alcançaram resultados.

- Abordar o tema do dia ou um tema escolhido

- Análise dos problemas dos participantes com ideias, dicas e estratégias relacionadas para superá-los

- Estabelecer metas a serem cobertas na próxima sessão.

TEMPOS E DURAÇÃO

As possibilidades são muitas e você é livre para escolher os horários e durações que preferir. Você pode organizar seu Mastermind com estes intervalos:

- Reuniões semanais de cerca de noventa minutos

- Um dia inteiro uma vez por mês

- Dois dias intensivos em cada temporada

- Uma semana por ano

É importante respeitar os tempos e durações estabelecidos, caso contrário corre-se o risco de transformar o Grupo Mastermind num encontro de amigos, que, apesar da gentileza, não conseguirá atingir os objetivos de crescimento profissional pretendidos.

As perguntas serão respondidas uma a uma, enquanto os demais ficarão em silêncio absoluto e farão anotações, anotando ideias e soluções de como ajudar os demais.

Para manter um grupo eficaz, é sempre bom ter um cronômetro para gerenciar os tempos.

Sempre há pessoas que falam mais do que o necessário. O cronômetro nos permite garantir que todos tenham o mesmo tempo para se expressar.

Sempre falaremos com um cronômetro, então todos teremos um total de minutos definidos para comentar e ajudar a superar desafios.

Pode acontecer também que seja realizada edição extraordinária para realização de reunião extraordinária, quando um dos integrantes do grupo estiver em situação de emergência.

A CADEIRA QUENTE

Uma das melhores maneiras de fazer um Mastermind é usar a técnica da *Cadeira Quente*.

Sentado no assento quente, a pessoa tem a oportunidade de falar sobre suas dificuldades e pedir ajuda. É a cadeira onde um membro e sua atividade estão em destaque, no centro da reunião, toda a atenção está sobre eles. É a situação mais egoísta e altruísta de todas. Quando chegar a nossa vez, devemos nos preparar para ser egoístas no sentido de aproveitar ao máximo esta experiência para obter o máximo de apoio, a fim de crescer e melhorar.

É um ser todo egoísta, para ser ainda mais altruísta. Você obterá o melhor dos outros no centro das atenções.Sentamos e cumprimos a agenda e perguntamos o que precisamos. É hora de obter toda a ajuda e apoio do grupo.

Quando chegar a sua vez, você deve ter sede de conhecimentos e estratégias e pedir ajuda.

Isso aumentará o nível de suas atividades. Você compartilha as vitórias e recebe feedback sobre o que está fazendo. Isso o coloca sob pressão até a próxima sessão e o encoraja a fazer melhor e obter mais resultados, porque então voltará ao centro das atenções para falar sobre você. Isso o tornará mais responsável.

- Em que está trabalhando?

- Como você conseguiu esses resultados?

- O que não está funcionando?

- Que tipo de ajuda você precisa?

Você nunca deve se sentir sob escrutínio, o grupo é seu aliado. Quando chegar a hora de você se manifestar, mesmo que não tenha obtido resultados claros nesse período, tente ter um pouco de sucesso, como conseguir novos assinantes para seu boletim informativo, aumentar as visitas ao site ou receber elogios de alguém. Mesmo que sejam pequenos sucessos, eles devem ser compartilhados com o grupo.

5

AS VANTAGENS DO GRUPO MASTERMIND

Participar de um grupo Mastermind acelera sua transformação, melhora sua visão pessoal, seu negócio e oferece várias vantagens, em resumo:

- Apoio mútuo

- Intercâmbio e acesso a diferentes recursos, conhecimentos e estratégias

- Ter pontos de vista diferentes e novas perspectivas

- Criação e expansão de redes

- Relações em profundidade

- Responsabilidade pessoal e inspiração

- Compartilhar

- Manter a concentração e o foco nos objetivos

6

A MESA REDONDA

Ocasionalmente, uma *Mesa Redonda* pode ser organizada. A Távola Redonda era a mesa no Castelo de Camelot, na qual o Rei Arthur e seus Cavaleiros se sentavam, para discutir assuntos de importância crucial para o reino. O objetivo da Mesa Redonda era evitar conflitos de prestígio. Na verdade, como não havia líder da mesa, todos os cavaleiros, incluindo o rei, tinham o mesmo lugar, assim como todos os outros, e o próprio Rei Arthur se sentia como qualquer outro cavaleiro. A Mesa Redonda de hoje é uma situação de comparação. É um evento de encontro com um número limitado de participantes especializados e aberto ao público. O objetivo de uma mesa redonda é aprofundar um tópico extremamente atual.

Um evento onde é possível ter uma interação contínua entre os participantes e o público. Os participantes devem se apresentar preparados para discutir os diferentes tópicos. Começamos por escrever uma lista de coisas a fazer para garantir o sucesso do evento. Decidimos sobre o tema e o título do evento, após as inspeções, escolhemos o local, estudamos os locais, pensamos nos colaboradores e estudamos a duração que ele terá.

O próximo passo é contatar as pessoas que serão convidadas, fazer uma estimativa dos possíveis membros e possíveis participantes. Os convites são escritos e enviados, seja em papel ou em formato digital, e a acústica do local escolhido é verificada. Também seria bom entrar em contato com um fornecedor para organizar um banquete para os presentes, o que é sempre muito apreciado.

A comunicação do evento é muito importante. Tanto os convites quanto todo o material publicitário devem mostrar o título da Mesa Redonda, os temas abordados devem ser entendidos, deve ficar claro quem são os promotores, quem são os interlocutores e, naturalmente, a data, hora, cidade e endereço do local e número do quarto. Também seria útil fornecer um mapa para o local que também indique qualquer meio de transporte que possa ser utilizado. Finalmente, a taxa de participação e o procedimento de registro esperado devem ser claros.

A promoção será essencial. Deve ser publicado utilizando o potencial da Internet, depois o website, e-mail marketing, redes sociais e, acima de tudo, através de nosso funil. A publicidade tradicional, como cartazes, caminhões publicitários e folhetos em pontos estratégicos da cidade também será explorada.

Se houver participantes do exterior, será necessário planejar sua estadia identificando instalações adequadas de hospedagem, levando em conta a qualidade dos serviços e a proximidade com o local do evento.

7

O GRUPO DE PARES

"Você é a média das 5 pessoas com quem mais convive" Jim Rohn

As pessoas ao nosso redor têm certa influência sobre nós. Para descobrir quanto uma pessoa ganha, identifique seus cinco amigos mais próximos e calcule a média de sua renda. Para descobrir as aspirações de uma pessoa, identifique seus cinco amigos mais próximos e você terá uma resposta. Se você quer entender e enquadrar uma pessoa, identifique seus cinco amigos mais próximos e você terá uma ideia.

Quando você costuma trabalhar por conta própria, também enfrenta a solidão pessoal. As pessoas não entendem nossas escolhas, outras zombam delas, outras as ignoram.

Você não pode continuar ouvindo aqueles que não acreditam em suas qualidades e habilidades. Se frequenta um ambiente que não lhe dá confiança, corre o risco de se convencer de que tem pouco valor e de que não é capaz.

"Deixe ir as pessoas que só vêm para compartilhar reclamações, problemas, histórias desastrosas, medos e julgamentos dos outros. Se alguém está procurando um barco para jogar o lixo, tente que não seja em sua mente"

Dalai Lama.

A visão do mundo das pessoas que encontramos tem um grande impacto sobre nós. O homem é um animal social, pois ele tende a se reunir com outros indivíduos e a se agrupar em sociedade.

As relações que temos influenciam nossas histórias e convicções pessoais.

Nunca devemos culpar os outros pelo progresso de nossas vidas, mas as pessoas que frequentamos afetam nossa percepção da realidade. Podemos escolher as pessoas com quem compartilhamos nosso tempo, com quem passamos nossos dias, com quem compartilhamos nossas paixões. Devemos nos cercar de pessoas que vibram com nossa própria frequência.

Cercar-se somente de pessoas que o ajudam a crescer, pessoas que estão alinhadas com sua visão, aliados que o apoiam, pessoas que o encorajam e o motivam.

Fique longe de pessoas que atrapalham suas ideias e projetos.

Você deve procurar pessoas que já alcançaram resultados naquele setor, deixar que relatem suas experiências, que mostrem suas estratégias. Somente aqueles que alcançaram resultados em um setor podem ensiná-lo como alcançá-los.

Devemos sempre ser inspirados por pessoas de sucesso. Seu valor agregado será cercar-se de pessoas evoluídas. Você deve ser uma esponja e absorver tudo ao seu redor para se tornar maior.

"Se você é o mais inteligente da sala, você está na sala errada"

8

BUSCAR E CRIAR UM GRUPO

Para procurar ou criar um grupo, é preciso primeiro ter um requisito básico: Motivação. Se você estiver motivado, pode começar a encontrar pessoas interessadas em iniciar esta atividade. Criar um Mastermind é simples, se você encontrar as pessoas certas. Comece contatando uma pessoa de confiança de seu mesmo nível, que queira se comparar e fazer crescer seu negócio, então você pensará nos outros membros.

Se esta pessoa não entender do que você está falando, você pode dar a ela este livro. Identifique seu nicho de concorrência e antes de querer se comparar com outros em determinados tópicos, comece a estudá-los e prepare-se.

Para encontrar seus futuros participantes Mastermind, você pode aproveitar o serviço de rede social *Meetup*, uma plataforma criada para facilitar o encontro de pessoas de todo o mundo, que permite que pessoas de todo o mundo se encontrem e se unam em grupos criados em torno de um interesse comum.

Você deve estar disposto a investir seu tempo para colocar em prática os conselhos e elementos emergentes da Mastermind. Caso contrário, não vale a pena participar. Lembre-se sempre de implementar as estratégias e conselhos que você receberá. Não é suficiente saber. É inútil participar de um grupo Mastermind sem colocá-lo em prática. Lembre-se também que, na vida, não basta ter ideias que fazem a diferença, é a implementação da ideia.

9

CONSELHOS

Nas minhas reuniões tenho o hábito de enviar aos associados, poucos dias antes da reunião, a agenda e a lista com os pontos que queremos discutir, isso ajuda a estar mais preparado, focado e informado na reunião.

É uma estratégia que traz grande benefício. Do momento em que terminam de ler o programa, até o dia da reunião, seus cérebros vão inconscientemente começar a pensar em ideias e soluções. Acredite em mim, as melhores ideias geralmente surgem quando você está fazendo outras coisas. Geralmente acontece de chegar à reunião já com os problemas resolvidos e novas ideias. Isso nos torna mais eficazes e eficientes.

Temos sempre uma pessoa que escreve um relatório detalhado sobre todos os tópicos abordados, que é então responsável por enviá-lo a todos os outros participantes no final da reunião.

Outra dica, dedicada a melhorar a concentração, é frequentemente mudar de local, nunca ficar sentados no mesmo lugar e mudar de posição durante a mesma sessão. Esta variação contínua de estímulos mantém a concentração viva e estimula a visão de novos pontos de vista e perspectivas.

Muitos de meus colegas, estudantes e clientes que aplicam minha *Variação Contínua de Estímulo (Variação de Estímulo Contínuo de Zeloni Magelli)* desfrutam de um aumento considerável na produtividade diária e na manutenção da concentração.

Um diktat (condição imposta severa e não negociável) que implementamos em nosso grupo Mastermind, é a desconexão total. Nenhum telefone ligado (ou seja, telefones celulares desligados, não silenciosos) sem verificar e-mails, sem o uso de PC e Internet.

Se você precisar acessar a Internet para obter mais informações ou usar o PC, você irá mover estes comportamentos para o final da reunião.

Durante o Mastermind, reina a desconexão total dos outros e do mundo exterior.

É importante na fase final da reunião que todos os participantes declarem seus objetivos, em voz alta, na frente de todos. Não se contenha, não tenha medo de gritar como se estivesse em um vestiário antes de um jogo. Declare suas metas em voz alta, isso o ajudará a ser mais concreto e fará com que você trabalhe mais duro.

Quando você alcançar uma meta ou mesmo um pequeno resultado, adquira o hábito de comemorar. Talvez com um jantar, uma garrafa de champagne, não importa como, mas importa que você o faça. É uma ferramenta de ancoragem muito poderosa, que continuará sendo um testemunho dos resultados alcançados naquele momento.

Celebre seus sucessos, mesmo os pequenos, faça-o na primeira oportunidade.

Outro conselho que posso dar é que tenha mais grupos Mastermind, um para cada área de sua vida. Cada um deles com tempos e durações diferentes.

Em alguns grupos, os noventa minutos por semana funcionam melhor, em outros a frequência mensal funciona, em outros a frequência anual funciona. Você deve entender qual é a melhor situação para obter os melhores resultados de cada grupo.

10

O SIMPOCEAN

Eu me pergunto se você está curioso para saber que antes de podermos falar sobre o Simpocean, devemos falar sobre Atlantis, a antiga ilha submersa que desapareceu na névoa do tempo.

Pela primeira vez, ele é descrito no diálogo de Platão, Timeu, por volta de 355 aC, um dos escritos mais importantes e influentes em que Platão investiga a natureza e a origem do universo e da natureza humana. Foi graças aos escritos de Platão que a humanidade se deu conta da Atlântida.

[...] Essa potência vinha do Oceano Atlântico, porque naquela época o Atlântico era navegável; e havia uma ilha em frente ao estreito chamada Pilares de Hércules. A ilha era maior que a Líbia e a Ásia juntas, e era a passagem para outras ilhas, e delas se podia passar para todo o continente oposto que circundava o verdadeiro mar. Porque este mar, que está para além deste estreito que nomeio, parece um estreito porto de entrada, mas aquele outro é um verdadeiro mar, e a terra que o rodeia pode ser chamada de verdadeiro continente. Bem, nesta ilha de Atlântida havia um grande e incrível império, que possuía toda a ilha e muitas outras ilhas e partes do continente. Além disso, deste lado do estreito, eles dominaram as regiões da Líbia ao Egito e da Europa à Tirrenia. [...]

Antes do nascimento das grandes civilizações, vivia um povo extremamente evoluído e tecnologicamente avançado, eles eram os habitantes da Atlântida. Atlântida era um país habitado pela perfeição, sua civilização atingiu o auge por volta de 9.000 AC. trouxe cultura evoluída e civilização para o mundo. Era um paraíso terrestre. Era rico em minerais preciosos, solos férteis, florestas, fauna insuperável. A terra gerou bens e produtos em abundância. Surgiram templos, palácios reais, portos e outras obras majestosas.

Ele havia se tornado um poderoso reino no meio do Atlântico, com suas montanhas ao norte e ao longo da costa até as planícies do sul.

A ilha foi dividida em dez zonas e os dez filhos de Poseidon tornaram-se soberanos. Era governada pelos filhos do deus do mar. Por volta de 9600 a.C. a maior parte da Europa Ocidental e da África foi conquistada pelo império da Atlântida.

Esta data coincide com o fim da última era glacial e o nascimento das primeiras cidades-estado, descobertas no atual Iraque. Depois de tentar conquistar Atenas, Atlântida foi destruída e afundada com terríveis cataclismos por Poseidon, que se corrompeu, uma condição que arruinou uma sociedade pacífica, rica e extremamente sábia.

[...] Posteriormente, porém, em vista de terríveis terremotos e inundações, no decorrer de um dia e uma noite, todo o complexo de seus guerreiros subitamente afundou sob o solo e a Ilha de Atlântida, submersa no fundo do mar, desapareceu. [...]

Ignatius Donnelly, político, ensaísta e acadêmico americano, autor do livro *The Antediluvian World* publicado em 1882, estava convencido de que muitas das tecnologias para desenvolver metalurgia, agricultura e construção e também outras conquistas da humanidade, como religião e linguagem, tiveram sua origem justamente na Atlântida, que mais tarde espalhou o conhecimento para povos antigos que não possuíam tais habilidades.

É uma teoria semelhante à *Teoria do Paleocontato* ou *Teoria da Paleoastronautica*, o conjunto de teorias que hipotetizam sobre um contato entre civilizações extraterrestres que teriam interferido no conhecimento de antigas civilizações humanas evoluídas, como os Sumérios, os Egípcios, as civilizações da Índia antiga e civilizações précolombianas.

Macaronésia. Um nome coletivo para indicar os diferentes arquipélagos do Oceano Atlântico Norte localizados ao largo da costa da África. Uma posição geográfica que corresponde à descrição de Platão, além dos Pilares de

Hércules, nos arredores do Estreito de Gibraltar. As ilhas da Macaronésia são consideradas o que resta do antigo e perdido continente. Macaronésia vem do grego μακάρων νῆσοι (*makarōn nêsoi*) e significa as Ilhas dos Abençoados, uma expressão usada pelos antigos geógrafos gregos para se referir a algumas ilhas que estavam além do Estreito de Gibraltar. São as *Ilhas Afortunadas*, onde os deuses receberam heróis e mortais de natureza extraordinária.

E é fora dos Pilares de Hércules que o **SIMPOCEAN - A Cúpula Anual de Grupos Mastermind** acontece. O Grupo Mastermind de grupos Mastermind avançados.

El Simposio de las Islas de los Bienaventurados.

Acontece nas Ilhas Afortunadas, em uma ilha vulcânica no meio do Atlântico, declarada reserva da biosfera pela UNESCO, em um paraíso terrestre como a Atlântida, a primeira, e geologicamente, a mais antiga ilha do arquipélago das Ilhas Ilhas Canárias, parte da

Macaronésia: a ilha de Fuerteventura.

Uma semana de Mastermind, no meio do Oceano Atlântico. Um evento em que os membros de um grupo Mastermind se enfrentam com outros grupos Mastermind para aumentar seus conhecimentos de forma exponencial, de forma desproporcional, com benefícios incalculáveis.

É uma oportunidade para intercâmbios valiosos com pessoas de alto nível de todo o mundo que irão expandir os limites de seu negócio e suas redes, globalmente.

A busca do continente perdido da Atlântida dura há milênios, como a busca da verdade e do conhecimento perdido, os escritos de Platão são como um mapa do tesouro, assim como as estratégias do Simpocean Mastermind Group.

É uma exploração do poder de Poseidon para evocar tsunamis de habilidade e cataclismos de conhecimento, e a destruição e o colapso da ignorância. O Simpocean recebe heróis do conhecimento e homens de extraordinária vontade de redescobrir a arte da conversa e do diálogo. Dos diálogos platônicos, voltamos ao diálogo como no antigo banquete e simpósio.

Voltaremos a cultivar o conhecimento como o trigo. É um hino ao Conhecimento, à Cultura, à Sabedoria, à Arte e à Justiça, para devolver ao povo evoluído e tecnologicamente avançado da Atlântida.

A SELEÇÃO

Somente membros da *Lista dos 50* podem participar do Simpocean. Uma lista tão poderosa quanto seu número. Você entra na lista somente após uma seleção cuidadosa e minuciosa. A seleção está aberta a pessoas de todo o mundo e qualquer pessoa pode se candidatar. O mundo precisa sempre de novos cérebros, novas ideias, boas pessoas e pessoas motivadas.

A seleção Simpocean é uma seleção mundial de cérebros.

Se você acha que tem um talento particular, quer crescer, deixar sua marca e quer construir algo importante para fazer do mundo um lugar melhor do que você o encontrou, então você deve optar por candidatar-se.

Os candidatos para a seleção participam de um verdadeiro grupo Mastermind. Durante o qual serão avaliados sobre suas habilidades, capacidades, resultados obtidos, a qualidade de suas ideias e todos os requisitos básicos para fazer parte de um grupo Mastermind avançado.

Todos os candidatos receberão uma pontuação e farão parte de um ranking mundial e subclassificações divididas em categorias. Para participar da seleção, você só precisa participar de pelo menos um dos eventos Mastermind credenciados que você encontrará no site oficial da Cúpula: **simpocean.net**

Se você é um organizador de eventos Mastermind, você pode solicitar que seu evento seja credenciado também. Basta ir ao website e enviar seu programa Mastermind para avaliação. Se você for bem-sucedido, seu evento será credenciado.

COMO FUNCIONA O SIMPOCEAN

A semana na ilha de Fuerteventura decorre em segredo e longe de olhares indiscretos. A semana é dividida em:

- **DIA 1:** Regeneração mental: Meditação, Atenção Plena e outras atividades.

- **DIA 2-3:** Os membros da *Lista dos 50* são divididos em subgrupos e é o início de várias reuniões separadas. Graças à técnica avançada de *The Group Dynamics of Crossed Crosses, de Zeloni Magelli*, o benefício de um Mastermind com 4-8 participantes será explorado, e uma osmose correta de conhecimento entre todos os membros será favorecida.

- **DIA 4:** O encontro global

- **DIA 5:** Passeio pela ilha

- **DIA 6:** O dia das visões e da criação de novas redes.

- **DIA 7:** Dia livre para dar asas à imaginação.

EVENTOS MASTERMIND

Aqui você encontrará uma lista de alguns eventos Mastermind credenciados e abertos ao público, dos quais você também pode participar.

Não existe uma varinha mágica para ter sucesso, mas existem atalhos. Obter as informações certas imediatamente o ajudará a evitar um longo e tortuoso caminho de tentativa e erro. Desta forma, você pode economizar tempo, dinheiro, energia e recursos porque você saberá imediatamente o que funciona e o que não funciona.

MIND MASTERMIND: O primeiro Mastermind do mundo sobre a Mente Poderosa, onde você pode aumentar o poder de sua Mente.

O MASTERMIND WEEKEND: O Fim de Semana de Treinamento em Marketing, Vendas e Gestão Financeira Corporativa especializado em Ciência Mental Aplicada aos Negócios.

Um fim de semana para aprender sobre as melhores práticas internacionais e para se comparar com outros empresários e freelancers no meio das colinas da Toscana.

HYBRID MASTERMIND: Ganhe 100 anos de experiência em apenas 7 dias, aproveitando o poder do Mastermind.

É o evento que deu origem a uma nova geração de experiências híbridas: Formação, Natureza e Turismo Sustentável.

O CENHOLDING DE VÉSPERA DE ANO:

O CenHolding é o "The Great Mastermind Dinner" no dia 29 de dezembro - também chamado de brincadeira de jantar que ganha dois dias na competição - onde novos startups encontram financiamento privado, e investidores e business angels encontram novas oportunidades de investimento.

Com o tempo, tornou-se um verdadeiro epicentro do investimento internacional.

DIAMENE MASTERMIND INNER CIRCLE: Este é o meu Inner Circle, onde trabalho com apenas 8 pessoas por ano. Se for você, vou trabalhar pessoalmente com você, junto com outras 7 pessoas extraordinárias focadas no crescimento pessoal, para capacitar sua mente e seu negócio para ajudá-lo a ter um melhor desempenho em todas as áreas e dobrar seus lucros nos próximos 12 meses.

Pode parecer uma premissa um tanto ousada e ambiciosa, mas é baseada em resultados plenamente comprovados, que tanto meus clientes quanto eu temos alcançado desde 2010. Isso graças a técnicas, estratégias e métodos comprovados que funcionam muito bem e que a cada ano são aperfeiçoados cada vez mais, graças à experiência direta e ao conhecimento que continuo adquirindo durante os Masterminds dos quais participo.

"Afortunada é a pessoa que aprende a dominar o Poder do Mastermind"

Dr. Edoardo Zeloni Magelli

Imagine começar a ler um livro por semana e criar um Grupo Mastermind com 7 outras pessoas que leem um livro por semana.

Imagine trocar seu conhecimento com outras pessoas para conhecer os 20% que lhe garante 80% dos resultados.

Você consegue entender o extraordinário crescimento pessoal e profissional que poderia ter com um Grupo Mastermind?

Pensa em grande. Expanda seus horizontes. Quando você está cercado por pessoas incríveis, pode criar coisas incríveis.

"Um investimento em conhecimento paga sempre o melhor interesse"

Benjamin Franklin

UPGRADE YOUR MIND → zelonimagelli.com

UPGRADE YOUR BUSINESS → zeloni.eu

Edoardo Zeloni Magelli
Atlántida
Setembro 2017